아무르강 순록

김춘추 시인은 1944년 경남 남해에서 출생했다. 1983년 국내 최초로 동종 조혈모세포이식에 성공하였으며, 1998년 《현대시학》으로 등단했다. 2002년 국제혈액학회 세계학술대회 학술위원장을 역임했다. 2000년 옥조근정훈장(과학기술유공)을 받았으며, 2006년 쉐링임상의학상 등 다수의 수상 경력이 있다. 시집으로는 『요셉병동』, 『어린 순례자』, 『聖오마니!』, 『산이 걸어 들어온다』 등이 있고, 2010년 『등대, 나 홀로 짐승이어라』로 제13회 가톨릭문학상을 수상했다. 가톨릭의대 혈액학과 명예교수이다.

리토피아포에지 · 164
아무르강 순록
인쇄 2025. 7. 25 발행 2025. 7. 30
지은이 김춘추 펴낸이 정기옥
펴낸곳 리토피아
출판등록 2006. 6. 15. 제2006-12호
주소 21315 인천광역시 부평구 평천로255번길 13, 부평테크노파크M2 903호
전화 032-883-5356 전송 032-891-5356
홈페이지 www.litopia21.com 전자우편 litopia999@naver.com

ISBN-978-89-6412-205-1 03810

값 14,000원


* 이 책의 판권은 지은이와 리토피아에 있습니다.
* 잘못 만들어진 책은 바꿔 드립니다.

김춘추 시집

아무르강 순록

들어가다가

노을에 숨은 장미가시는
이승과 헤어질
환승표이다.

2025년 7월
김춘추

## 차례

들어가다가     5

무인도     13
철원역에서     14
공고     15
근황     16
남해유자     17
이슬은     18
지리산 그림자     19
일동 묵념     20
격렬비열도     21
쌍무지개     22
고산자古山子의 강     23
게르 밖에는     24
물방개 집     25
까치밥     26
모란은     27
귀·장 콕토     28

| | |
|---|---|
| 개명 그 후 | 29 |
| 산정에는 | 30 |
| 달팽이 | 31 |
| 라떼 가족 | 32 |
| 네안데르탈인 | 33 |
| 옛날 옛적 윤년에는 | 34 |
| 여울 | 35 |
| 야간 행 | 36 |
| 동 동 동 | 37 |
| 해방 전 사진첩 | 38 |
| 봄눈 | 39 |
| 조감도 | 40 |
| 윤사월 | 41 |
| 강가에서 | 42 |
| 담쟁이덩굴이 | 43 |
| 주꾸미 | 44 |

| | |
|---|---|
| 헌 벙거지를 쓴 | 45 |
| 골목길 | 46 |
| 산천어 | 47 |
| 행복한 멸치 | 48 |
| 새들이 무얼 하나 | 49 |
| 동자개 | 50 |
| 도요새 따라 | 51 |
| 하얀 정오 | 52 |
| 흑산도는 아니더라도 | 53 |
| 모일 모처에서 | 54 |
| 극락강 | 55 |
| 지상에서 며칠 | 56 |
| 불꽃놀이 | 57 |
| 모두, 쉿 | 58 |
| 일식이 와 | 59 |
| 소품 | 60 |

| | |
|---|---|
| 잊어버린 천연기념물 | 61 |
| 감추고 싶은 풍경들 | 62 |
| 정화수 | 64 |
| 그 해 여름 | 65 |
| 그믐달 | 66 |
| 산과 섬과 수평선 | 67 |
| 신세대 소쩍새 | 68 |
| 폐교 | 69 |
| 시월 상달 | 70 |
| 연필선인장 | 71 |
| 야생생물학 각론 중에서 | 72 |
| 풍문 | 74 |
| 자작나무를 위한 변주 | 75 |
| 탈을 쓰고 | 76 |
| 즐거운 한가위 | 77 |
| 아무르강 | 78 |

| | |
|---|---|
| 숨은 날의 기록—태주에게 | 79 |
| 왕고모 | 80 |
| 고려백자 | 81 |
| 선사시대에는 | 82 |
| 헤르메스의 전언 | 83 |
| 징검다리 | 84 |
| DMZ | 85 |
| 강물 중에서도 | 86 |
| 추운 저녁 | 87 |
| 불기佛紀 2569년 | 88 |
| 앵강만에서 | 89 |
| 옥수수 | 90 |
| 언젠가부터 | 91 |
| 점과 선 | 92 |
| | |
| 나가면서 | 93 |

# 무인도

지난번 키 큰 태풍이 남긴
적막을

갈매기 떼가
물고

파도 머리 위를 날고 있다

## 철원역에서

깨진 구름다리 아래 피다 진
코스모스는
솔바람 한 점
없는 금강산 쪽으로
고개를 흔들고 있다
비 온 뒤
지렁이가 그리다만
상형문자 같은
자유는
덫에 걸려 우는 야생 멧돼지

# 공고

제목 : 우리는 어디서 왔나????

강사 : 예쁜 꼬마 선충

장소 : 알버트 아인슈타인 대학
        생명과학부

기타 : 꿈 깬 조신선사와
        보아뱀의 등을 탄
        어린왕자까지 참석 예정

# 근황

갓난쟁이 손바닥보다 작은 깻잎
한 장에 보리밥 한 술로
허기를 달래다가 어느새 열두 폭
분홍치마 고웁게 차린
사순절
바람이 붉은머리오목눈이
빈 둥지를
보다가, 미선나무도 흔들어 놓고

복사꽃나무에 걸린
낮달은
아직도, 한밤을 꼬옥 안고 있다

# 남해유자

이사 온 탱자나무에게
내 꽃
향香을 전해다오
바람아
노량으로
부는 집채 바람아
내일은
큰 어르신 생신이란다

## 이슬은

은하의 파도소리로 비단을 짜다가
기다림에 지친 직녀가
어둠을 헤치고 내려다본 신새벽
금산 보리암
해수관음이나 상사바위에 맺힌
이슬은
자라고 자라
금년
칠월七月 칠석七夕까지는 안개꽃이 될 거다

## 지리산 그림자

봄은, 산사람 가슴에도 찾아와
삼순이 순심이는
내댓골에서 딴 세상 가고
헌 가죽만
남아 다람쥐가 된 애비는
비 없는 하늘은 쳐다보지 않아
멩멩이 쑥스르기
까막수리는
어디로 가 없답니다, 달궁이나
뱀사골에서
피다 진 수달래는 나무아미타불

# 일동 묵념

절두산 칼바람을 미리 알아
이른 봄 햇살을 타고
백정들 텃밭으로 피난 와
여름의 무게를
온몸에 지고
익으면 익을수록 얼굴은
노상, 하늘 부끄러운
한라돌쩌귀 조밥나무들이다
오늘도
갈까마귀가
운다 꽁무니엔 새끼를 달고

# 격렬비열도

노랑부리저어새 삼 형제가 제자리를
날고 있고

흑염소를 찾아

당나라 적 파도가 요새도 왔다 간다

## 쌍무지개

산골 개울에서 계절 따라 물
졸졸 흐르고
갈까마귀 갈갈 웃는 소리에
눈 뜬 강 언덕에 서서
잠시, 이 쪽
저 쪽 이어주는 칠색七色 다리다
한 때 '어른의 아버지'였던
어린 형제兄弟 설날
색동저고리가
생각나
모네가 와 가끔은 울고 간다

## 고산자古山子의 강

손잡고 흘러갈 지푸라기도
왜가리털도 닭벼슬도
이 작고 참한 것이 모이고
모인 들병이들의
세월은 모질고 아파
철 따라 찾아온
구절초도 누리장나무꽃도
낡은 낮달을 가린
남루한 저녁놀도
우리, 갈 곳은 저기라고
아침이면 문풍지를 흔든다

## 게르 밖에는

수만 개 발이 달린 바람이
말처럼 초원을
달리면, 풀은 눕고
일어날 줄 모른다
승냥이가 무서운 어린양은
배고파 울고
한 뼘 남은
오아시스 구석을
초승달이 내려다보고 있다

# 물방개 집

중랑천 물 위에 뜬 키가 큰
아파트 꼭대기로
이사를 온 물방개는
인심이 참 넉넉합니다
메기도 길 잃은 미꾸라지도
피라미까지 한두 밤
정도는 잘 자고 갑니다
가끔, 철없는
동네 애들이 심심하면
돌멩이를 던져
망가지지만
새 바람이 새로 지어줍니다

## 까치밥

배 몹시 고픈 찌르레기가 올해도
먼저 와 있지만
그래도
하늘 아래 첫마을 감나무 꼭지에는
살아남은 감 속
감 씨는
아기감나무 한 그루를 품고 있다

지리산 계곡
까치밥나무에 앉아
먼 구름을 보는 겨울까치야

# 모란은

오월 한나절 토함산에 불을
지피면
놀란 나비 벌이
떼로 몰려와 당태종이
보낸 삼색三色 고운 자태에다
향香을 보태고
천 수수 백년 세월이
구미호 꼬리를 흔드는 동안
전라도 땅 강진까지 와
찬란하게
잊혀진 선덕여왕 왕관입니다

# 귀 · 장 콕토

나이가 들수록 귀 더욱 얇아져

마파람이든
하늬바람이든 센바람이 좋구면

가파도 앞
옹기종기 바람개비여

산호밭
소라도 늙어
바다소리를 들어 줄 귀가 없다

# 개명 그 후

늑대와 함께 춤을 보고, 나도 그만
인디언식 이름이 갖고 싶어
고양이와 함께 낮잠으로
이름을 바꾸니
나이만큼 눈이 쌓이고
원래 샛별인 개밥바라기가 개밥은
개들이 꿀떡이게 하고
눈 감고 같이
하늘 올라가잔다
버섯구름만 빼놓고
구름이란 구름 다 피워내는

몬타나나 와이오밍, 그 파란 하늘로

## 산정에는

앞산 뒷산 사이에 계곡이 있듯이
자작나무숲이 안은 산정에는
호수가 있고

늙을수록
주름진 겨울 하늘의 얼굴도 있다

비가 오고
눈이 내려 수심이 점점 깊어지는

# 달팽이

아파트 한 채씩은 갖고 태어난
금수저이지만
감추어진 발로 점에서 점으로
더위를 피해 밤새
걷고 또 걸어도 여기가
저기인
저 나그네는 내 고향 출신이다
프랑스가 너무 멀어
맘이 놓인

대나무 숲 화아한 남해 바닷가

# 라떼 가족

꽃샘추위가 떠나간 길 따라 손톱
만큼 내린 눈을 쓸고 너럭바위
위에 연어 통조림 두어 개
놓아두면 냄새에
길냥이 라떼 가족은 날개도 없이
바람처럼 날아오지만
막내 누이
별이는 지 이름대로 별이 되었나

간간이 밤하늘에서 들리는, 야옹

# 네안데르탈인


우리네 뼈에 흔적만 남기고
어디로 갔나
빙하기를 피해 맘모스
모아새 선조를
모시고, 아틀란티스로 갔나
천지가 바다가
된 날
혼魂은 남아 왕펭귄이 되었나

## 옛날 옛적 윤년에는


새벽마다 가난이 새끼를 쳐 기차 길 옆

판자촌은
능구렁이처럼 너무 길어 밤낮 숨이 차다

# 여울

허락된, 하루치 실바람과 햇살을
안고 등산로 입구 쉼터에서
내려다 본 안경원숭이
눈알만 한 여울에는
무엇이든 다 있다 하늘과 별은
물론, 애비 도깨비눈을
꿈속에서라도 볼까 봐 겁난
사춘기 손자 얼굴과 겨우내 쌓인
햇살로 새봄을
기다리는 살구나무그림자도 있고

실눈에서
자란 삼월三月은 여울에서 쉬다 간다

## 야간 행

1960년대 여수발 서울행 열차는
빼애액 우는 사막비개구리 울음이
특이하지만 간간이 깨진 유리창은
바람이 왔다가 가는 시원한 열차다

순천쯤 와서 지리산 고로쇠나무를
생각하다 한밤 대전역 새끼손가락
만한 국수다발로 목구멍을 달래고
새벽 한강을 지나간 코는 굴뚝이다

강물은 흘러
아무튼, 그 무엇이 된
우리는 언제 다시 만날 수 있을까

# 동 동 동

검은 외투를 입은 쓰린 사랑이
겨울과 손잡고
날짜변경선을 넘어간 후
강 건너
잎보다 꽃 먼저 피운 개나리는
북서풍에
밀린 이자 갚기에 숨이 차다
시방도
들릴락 말락 병아리 우는 소리
싸리 울타리 밑
애기 봄은
아직도, 손가락이
아려서 시린 파란색으로 서있다

# 해방 전 사진첩

사각모 쓰신 아버지 늘 근엄하다

학도병 통지를 받고 전쟁터로
떠난 어느 날
엄마는 금강산 삼일포 어디에서
포대기에
희야 누나를 꼭 껴안고
지금은, 부피도
무게도 없는
딴 나라에서 다들 안녕하시다
겨울
남해 섬
시금치처럼 사는 나만 쏙 빼놓고

# 봄눈

꽃샘바람아, 보이지 저기
저 아랫동네
호수끄트머리
곰보처럼 언 살얼음
눈 감고
내려가 녹이고 녹여주고
버들치 갈겨니 매기
피라미까지
기르는 강물이고 싶다 난

## 조감도

세렝게티 하늘을 행글라이더라도
얻어 타고 날자 날아 보자구나

코끼리 열세 가족이 점 하나 되면
새들 눈에는
보인다

허공에 뻥 뚫린 전생의 입구들이

# 윤사월

안개를 헤매다가 시내에
와보니
빨래방맹이는 옆에 두고
가는 봄날을
줍느라
이층으로 튼실하게
올라간
니 궁뎅이가 보고 잡은
옥아, 우리
보리밭 위 종다리나 될까

# 강가에서

소금쟁이 멀리뛰기 하는
갯버들 잎사귀
사이에서
간간이 가마우지 날개가
보이다가 귀룽나무 따라
내려온 바람은
새털구름을 날리고 있다
안개를 타고
날아갔는지
앞산 봉우리 보이지 않고

## 담쟁이덩굴이

소만 내 담을 넘고 넘어
처음 본 세상은
텅 빈 까치집 다섯 채다
푸른 삿갓 쓰고
어른이 다 된
봄은
철쭉 따라
가신 게 아니라
주무시고 계신다 허공에

# 주꾸미

삼월三月, 어느 날 초썰물 때

열 번도 더
바다를 흔들다가 올라와
눈 뜨고 보니
새조개야

알나리깔나리
세상은, 온통 구름뿐이다

# 헌 벙거지를 쓴

동강으로 정선으로 황포돛대를
끌고 가던 봄바람이
씀바귀랑 작약도 피워주지만
달포도 못 되는 올봄 강가
버드나무는
새악시 허리 닮아 하늘거리고
장돌뱅이가 왔다 가던
강촌식당 앞
여울은, 크고 작은 동그라미를
그리다가 흘러온
꽃잎을 붙잡고 혼자 울고 있다

헌 벙거지 쓴 칠십년대七十年代
푸짐하고
진한 이스라엘잉어회가 그립다

## 골목길

가끔 없는 소리가 들린다
차아압쌀떠억
구우운바아암

토끼귀걸일 한 어린 귀에

군고구마가 뜨신
그때처럼
쪼깨, 가난해져야 쓰것다

# 산천어

밤나무고개 너머 솔바람이
사는 계곡이 우리
고향이란다

파도를 찾아 떠난 한 핏줄
송어야, 안개도
몰래 감춘

밤꽃향기를 너에게 전한다

## 행복한 멸치

남해 덕신을 지나 남치고개를
넘어가는
인민군 일개 분대는
따발총이 두 개뿐이었다
덕석에 말리고 있는
멸치를 희끗희끗
쳐다보기에
서너 됫박 싸서 나누어드리니
낮달처럼
할머니가 웃고 계신
어린 내 6.25는
미수를 앞두고 늘 일곱 살이다

# 새들이 무얼 하나

따수운 군불로 잘 데워진 이 산
저 산에서
소쩍새는, 온 동네방네
솥이 텅 빌까 걱정이
구만리지만 잠시 졸 때도 있다
울 할배
까만 진이 박힌
곰방대로 풍년초를 태우는
삼복三伏에도, 꿩 참새까지 달려와

허수아비도 없이
올해 농사는 새들이 다 짓는다

# 동자개

해방 일 년 전 여름 해질녘
일본 순사가 낚은
매기 사촌 물고기가
올라와 "빠가빠가" 하며
울자, 빠가야로로 알아듣고
바보는 죽어야 낫는기라
그 순사 화 날대로 나
동자개를 강 속에다
냅다 동댕이쳤습니다 풍덩!
그 후, 국민매운탕으로
가능성이 높게 평가된
동자개는
빠가사리로 불리우고 있지요

## 도요새 따라


걷히다 만 거미줄 한 가닥
남기고
나갈 건 다 나갔다

꼬리명주나비 애기너구리
오리부부에다 망둥이까지
쓰레질 하다
들킨 고픈 배 끌고
도요새 따라
새만금은 어디로 가 없다

# 하얀 정오


각시수련 잎에, 물잠자리도
찾아와
모두 다 하얀거 중

무자치랑 청개구리는
물에 떠 기럭지가
오랑우탄
눈썹만 한 먼먼
수미산을 찾아 용맹정진하다

## 흑산도는 아니더라도


홍어의 웃음을 지지고 데치고
굽고 볶아
묵은지랑
삼합으로도 먹었다
목포랑 영산포 광주에서

간을 빼내 주고
저승에 가서도 웃는 그 웃음을

## 모일 모처에서

바람 따라 흐르는 구름의 가슴이
산을 보듬고 키우니
버섯 이름도
다 다르지요, 노루궁뎅이버섯
영지버섯 광대버섯
계곡은 내려갈수록 어깨가
넓어짐시롱, 갈겨니
열목어
버들치 금강모치도 품고 있지요
산문山門 안팎
빡빡 깎은 동자승
머리카락 길이는 왜 다 다를까요

## 극락강

물 위에 뜬 하늘은 온 동네
소가 마시고
마셔도 늘 푸른 하늘입니다
저희끼리 별을 달고
어른이 된
말조개가 빌려온
겨울이 성긴 얼음과
눈으로
온몸을, 덮어버리기 전까지

## 지상에서 며칠

콩고공화국 국도는 비포장 진흙탕
길이고
통행세는 악어 몫이다
자장면 내음으로 소문난 마라도
최남단 비 옆이나
등대 앞에는 고양이가 뿔쇠오리를
노리고
멀리 죄 없는 크림반도는
찢어진 평화를 걸친
바람이 길고 긴 다리로 걷고 있다

밤마다 간을 쪼아
먹어도 배고픈 수리 눈에는
오리온도 북두칠성도 뵈지 않는다

## 불꽃놀이

대청도 바다 너머
수탉처럼 생긴 이웃 촌수 먼 나라

길고 긴 춘절
종종, 불난 아파트를
모닥불 삼아 산아제한 시절
태어난 여자 아기천사가 몸을 덥히고

편서풍에 태워 보낸 미세먼지는 눈이 없어

하늘은
태평천국이다

## 모두, 쉿

수년 전부터
애기고양이처럼
잔물결이 가르랑거리는
우크라이나 중심 드니프로 강

양안, 사이프러스나무 옆가지에는

들판에 누운
21그램 영혼의 무게를
물고 어미할미새가 떼로 와 울고 있다

# 일식이 와

좋겠다 좋겠어 벌건 대낮에
빛도
시간도 없으니
궁합이야 맞든 말든

지난 봄
남은 햇살로

어차피 짧은 벚꽃도 피우고

## 소품

1630년도 튤립의 도시
암스테르담과도
안 바꿀
귀 없는 보리밭 바람이
해바라기 몇 포기
안고 감자 먹는
사람들 집
담벼락에서 졸고 있다

## 잊어버린 천연기념물


하얀 달빛 두 눈에 가득 담고
참빗으로 머리 곱게 빗은
흑두루미는 시집와
애기산토끼 쳐다보지 않고
바위산이 좋은지
친정에 가 돌아올 줄 모르고
하늘다람쥐는
크낙새 집을 내 집 삼더니
아가위나무 잎 사이
갓 깬 아침햇살 아무리
고와도, 일어날 줄 영 모른다

# 감추고 싶은 풍경들


밤새, 휘파람 불던 호랑지빠귀는 귀신처럼
짝 찾아가 없고

오지게 울고 운 맹꽁이울음에 눈뜬 바람은
수평으로 불어
보면 볼수록 숨이 차는
창포원 수국머리를 밟고 지나간다

온몸의 칠 할이 물이라는 사람아

지난여름 겸손한 장대비는 아래로 아래로
흐르다가
어른 장어처럼 허리가 긴 강에서

불타는
바다에서 비구름으로 하늘 오른 후

전쟁 때 징하고 짠한 파로호에 내려

다람쥐섬을 안고
잠자는 자라도 깨우고

피라미도 버들붕어도 은빛 숫처녀로 기른다

## 정화수

노랑할미새 할미새 사촌이
울다가 모은
신새벽 눈물
한 사발에는 상심한
북두칠성이
내려왔다 올라가며
달나라에도 전쟁 중이란다

계수나무 열매로 옥토끼끼리

# 그 해 여름

비발디의 한여름이 뭉게구름을 타고 내려온 날
속 좁은 밴댕이구이와 밍밍한
숭어회로 속을 풀고

환희와 비애의 샴쌍둥이 원두막에서 잠들 때면

갓 피어난
개밥바라기를
오누이처럼 손잡고
여물다 만 반달은 서산 봉우리로 넘어가고 있다

## 그믐달

배 몹시도 고픈 백성 생각나서

전우치가 가져갔나 내 몸으로
한가위 송편
만들려고

고맙군, 고마워

그래도 왼쪽눈썹은 남겨놓았네

# 산과 섬과 수평선


어차피 내려올 걸 뭘 하러 올라가
하는 아홉 살짜리 손자 녀석
말에 에베레스트산과 힐러리경을
생각다가 흑조로
제주 바다와
이어진 아소만 긴꼬리벵에돔과
국토 서남쪽 가거도
갯바위가 안은 감생이가 그리웠다
해질녘, 새댁 노란 저고리 같은
노을 중 전공의 때 파견된
백령도 진촌리에서 주말에 가본
두무진 해금강
점박이물범은 어디 가고 없지만
까치놀은, 지금 내 안에 살아 있다

수평선 위
한 움큼만 남은
발해하늘은 또 비구름을 보내 울고

## 신세대 소쩍새

요즘 쌀값이 보릿고개 시절
겉보리 값도 안 되는지라
우는 건
뻐꾸기나 까마귀한테
넘기고 밤새 내내 북한산
산봉우리를
들었다 내렸다 하며
해방 전 박아둔 쇠막대기를
빼내고 있다

길조吉兆다, 대장군감이 태어날

# 폐교

깨어진 유리창. 텅 빈 교실을
싸고도는 동강 물속
쏘가리가 사는
두꺼비바위 밑에서
밤마다
풍금소리가 난다
쌍고라니 이사 가고
꽃비
내린 날

어깨가 동그란 처녀선생이 치던

## 시월 상달

쑥부쟁이 사이사이 호박넌출
이슬을 맞아 앞머리부터
시들어가다가
도토리 보다
클까말까 한 호박 끝에
있으나 마나 한 호박꽃
한 송이, 끝내지 못할
염불처럼
피워놓으면
시집갈 가시나
가슴은 하늘수박만큼 큽니다

# 연필선인장

이름만 들어도 다 알겠다

쪼가리 연필도 없는
전쟁 중
가난이야
무슨 죄가 되랴

해 떴다 지는 한반도에서

# 야생생물학 각론 중에서

1.
과수댁 뒷산 둔덕 남북 어느 바람이
싣고 온 씨앗이
해마다
홀아비바람꽃을 피워 놓았을까

아이, 어쩜 좋아

이 순백의 색깔에 무너진 색시 맘을

2.
개구리밥은 저수지 오리밥이고 바람
따라 돌아다니는 나그네다
개구리는, 잠자리 나방 메뚜기 꿀벌
거미 나비
주로 생것을 좋아한다
황소개구리는, 가재 개구리
들쥐에 꼬마 배암도 참 잘 잡수신다

똑똑한 콩고 보노보가
인간人間이 아니듯

개구리밥은, 결코
고라니가 즐기는 부레옥잠이 아니다

## 풍문

205이동외과 군의관 시절
백담사계곡에서 원통으로
내려오는 착한 물에 사는
송사리 어떤 놈은
키가 너무 커서
갈겨니 저리 가라 카더라
도리천으로 올라간
목탁소리가 구름이 되어
비 보낼 때
가끔, 자비도 보탰나 보다

# 자작나무를 위한 변주

우랄산맥에 깔린 안개비 눈이
푸른 솔
푸른 향기로
하늘 오르기에는
어둡고 무거운 그리움이 되어

라라의 노래로

온몸을 하얗게 덮어주고 있다

## 탈을 쓰고

여의도는 노들섬 밤섬 선유도
난지도로 이루어진
한강민주공화국 중심이고
모든 국민은 하루에 열두 번
웃는 탈을 쓰고
출근한다
양반탈을 쓰고 양반이 되시든
백정탈을 쓰고 백정이 되시든

선비에 할미 각시
중 초랭이, 아시다시피
직업은 자유고

금서는 걸리버여행기뿐, 샬롬

# 즐거운 한가위

갓 익은 목화 구름 사이사이에
언뜻언뜻 보이는
앞동산 위
안주만으로도
벌써, 불콰한 둥근달과
한잔하고 한 잔 더 보태다가

눈 뜨고 뒤돌아보니
손주녀석
세로가 수직으로 서 있다, 까꿍

# 아무르강

어린 파르티잔이 흘린 눈물을
기억한 연어가
바다로 떠나간 뒤
머리 위, 밤하늘에는 새끼별
사형제가
노망 난 어미별을
모시고 있구나
우리 모두가 남이 아닌
시절에도
미리내는 흐르지만
눈이 파란 순록은 어디가 없다

## 숨은 날의 기록
　—태주에게


북서풍만 먹고 살이 찐 흰 눈 사이로 올라온
해가 숨도 안 쉬고 금방 내려간다, 직각으로

이제 천지天地는
올빼미가 눈뜬 야삼경夜三更이라

누이가
살다 간 드들강 남생이도
강변도 어디가 없다, 탐진강은 돌얼음뿐이다

## 왕고모

온 동내 암탉 중에 벼슬이
수탉 같다는 어르신이
반평생 논밭에
씨앗만
뿌리다가, 시앗을 본 첫날
머리끝까지 오른
화를 못 이겨
왕대밭으로 가셨다
지네 열댓 마리 잡아
드시고 몸보신이나 하시려

# 고려백자

버릴 세월은 다 버리고

도자기전쟁도 버티다가
용인이나
여주 하늘에 쌓인
묵은 한을 안고 나르고
나르느라
허리가 휜 청용, 고맙다

# 선사시대에는

고래가, 귀신고래든 돌고래든
향유고래든
태화강을 거슬려 올라와
사슴 멧돼지랑
반구대바위 절벽에서
서로서로가 말이 달라도
이웃사촌으로 잘도 살고 있다
말이 많아
심장이 두꺼워진 사람아
부끄럽다
귀 눈
입 코가 없는 발밑 돌멩이까지

## 헤르메스의 전언

가뭄에 목이 타 양자리 양 떼는
이웃 물고기자리로
이사를 가고 있다
수 수천 마리가 한꺼번에
보다 못해, 날개도 신발도 다
던져버리고 올림포스 산
황금 궁에 달려가 보니
바람둥이
제우스는 요정도 헤라도 잊고
전쟁 중인지
벼락 만드느라
제정신은 남들 다 주고 없다

# 징검다리

숫처녀 허리만치나 고운
산 능성일 내려 오다
몽실바람이
비오리가 찾아온
강줄기 끄트머리에서
선친보다 오래 살아
늘 죄송한
여든두 개째
징검다리를 건너고 있다

# DMZ

6월, 애기볼살만치나
통통한 찔레꽃대도
메아리도
백년 안에는
세계문화유산이 될끼다

지금은 안개
속에 살짝 숨어 살지만

## 강물 중에서도

고려 우왕 시절에 두꺼비 떼를
울게 하던
그 물이게 하소서
옥녀봉을 뒤로하고
옥정호에서 수달이랑 놀다가
얼렁뚱땅 구례를 지나
밀물썰물 왔다가는 광양에서
벚꽃 필 무렵 벚꽃 닮은
강굴을
열 마지기쯤
기르게 하소서
없는 정도 나누는 그 물이라면

# 추운 저녁

단풍나무 시린 머리를 청청靑靑
하늘이 시나브로
찾아와 쓰다듬다 돌아가면
귀 빠진 눈사람은
삐뚤어진 입술로 울고
우수가 지나도 풀리지 않은
한탄강과
생각에
지친 이웃 산천山川을
내려다보는 별 둘과 실구름

# 불기佛紀 2569년

사람과 사람 사이에 끼인
안개를 줍고
거두어 백색 장벽을 친
큰 어미산은
부처님 귀만 한 암자
하나와 고라니 노루
까투리랑 사철나무 아래
신새벽
애기산토끼까지
잠들게 하여, 잠들어 있다

알 까려 길 건너다 다행히
기함한 두꺼비여
눈 뜨면
우리 다 같이 나무아미타불

## 앵강만에서

자맥질을 썩 잘한 덕에
점심 한 끼는
너끈한 우렁쉥이는
다시 찾아도 없고
산이 내려온 그림자
위에는
해파리만 놀고 있다
갑오징어야
새카만 물총을 쏘아다오

# 옥수수

어젯밤 꿈에 어버이동무가, 모조리 하모니카를 불고 있었다

# 언젠가부터

눈마다 먹구름이 찾아와
낮이 밤이다
밤에 내린 비를
검은 우산으로 가리면
우린 잠시 우산이 되고
허얀 머리카락을 날리는
바람은
솔 솔 솔, 어린
바람개비를 돌리고 있다

## 점과 선

검은 구름에 새겨진 비문이
눈으로 내리든
비로 내리든 우리는 다
하지와 동지 사이에
꾸어다 놓은
하나의 쉼표이다
성 밖, 릴케의 묘비 옆
꽃 진 장미가
기도하기 좋은 이 가을날도

## 나가면서

저는 1944년 남해에서 태어나 울 어매 품속에서
일 년이나 일제강점기를 보냈습니다.
일곱 살 때 전쟁이 났고, 군의관 시절 사이공이
호치민시가 되는 바람에 월남은 구경도 못했습니다.
모교인 가톨릭의대로 돌아와 혈액내과를 선택
1983년 당시, 지금은 없는 명동성모병원에서
국내 최초로 동종조혈모세포이식을 성공한 후
여의도성모병원에서의 바탕들이 모여
현재, 서울성모병원 내에 혈액병원으로
비약하였지만
교수 중에서도 교수이신 민 교수님의
우리나라 맨 처음 신장이식! 이 나라 이식의
역사 중에서 '최초'를 계승하였다는

그리운 자부심이 지금도 가슴 깊이 살아 있습니다.

1997년 복지부에서 준 상으로 시집 『요셉병동』을
출간하여 시에 대한 배고픔을 달래고도 한참
모자라서 ≪현대시학≫을 통해 등단이라는 걸
하였지만 '시인면허증'은 곧장 반납하였습니다.
『얼음울음』, 『어린순례자』, 『성쁠 오마니』 등을 내보냈고
국내외에 발표된 논문들이 너무 많아
논문집은 그만두고 은퇴 때 만들어진
『등대, 나 홀로 짐승이어라』는 저의 모교 이름과는
전혀 상관이 없이 13회 가톨릭문학상을 얻었습니다.
백혈병 환자를 계속 돌보고 연구하는 과정에서
2002년 국제혈액학회 세계학술대회 학술위원장을

맡아 일을 하였고, 옥조근정훈장, 쉐링임상의학상 등
다수의 학술상이 찾아와 주었습니다.
10년 이상 시와 남남으로 서로 등지고 살다가
한 많은 남한산성이 보이는 곳을 떠나 새로
이사를 온 12층 창밖 대모산은
매일 얼굴을 바꾸고도 산까치까지 날립니다.
전할 말이 많은가 봅니다. 마음이
절로 그 말을 알아듣고 모아둔 단상이
2021년 말, 『산이 걸어 들어온다』가 되어
세상 밖으로 나왔습니다.
그 후에도 산이 저를 가만두지 않아 계속 쓰다
말은 아끼고 아끼려고 나름 애쓴 것이
이 친구입니다. 이 책의 대부인

국내 유일의
명예시인 이태봉 사장과
대모인 최춘희 시인에게 참말로 고맙습니다.

아무나에게 안 들리는 나만의 감사를 올립니다.

꽃은 피워야 봄이고 눈물은 흘려야 슬픈지
뭔가
못 볼 걸 본
요즘, 산은 자꾸 안개로 얼굴을 가립니다.
옛 네덜란드 튤립처럼 이해할 수 없는 것들이
미덕이 되어버린 이 시대의
갯바위에서는 항상 질 준비가 된.

가톨릭대학교 의과대학<br>명예교수<br>김춘추 두 손.